깜장 고무신

국립중앙도서관 출판시도서목록(CIP)

깜장 고무신 : 이선화 시집 / 지은이: 이선화. -- 전주 : 신아출판사
, 2011
p. ; cm

ISBN 978-89-5925-941-0 03810 : ₩9000

한국 현대시[韓國 現代詩]

811.7-KDC5
895.715-DDC21 CIP2011005050

깜장 고무신

이선화 시집

신아출판사

시인의 말

유난히 추웠던 겨울, 봄인 듯 여름인 듯 생각할 여지도 없이 지루한 장마와 불볕 같은 더위로 시달렸던 2011년도 벌써 열 달을 다 내어 주고 무성했던 나뭇잎들 사이로, 가을 향기가 풀풀 익어가고 있네요.

"글을 쓴다는 것은 참 아름다운 일이야."라고만 생각하고 시작한 글은 서로 간에 조화를 이루지 못하였는지 언제나 삐걱거리는 글들이 참 많은 듯합니다.

삐툴어진 글, 못난이 글, 형체도 알아볼 수 없는 글 등등.

글에서 글로 전해지는 수많은 언어들이 진통과 산고를 겪은 미흡한 글이지만 저 같은 사람도 글을 쓰고 책을 엮을 수 있다는 사실만으로도 가슴이 뭉클합니다.

저의 첫 번째 시집『깜장고무신』발문을 써주신 전북문인협회 이동희 회장님, 언제나 다정다감하게 강의를 해주신 전북대 평생교육원 문예창작 정군수 교수님, 구수한 사투리가 매력적인 전북대 평생교육원 아동문학

안도 교수님, 처음처럼 항상 웃으면서 강의해주시는 방송통신대 동아리반 김종빈 선생님, 마을 이장님 같은 훈훈한 정으로 이끌어 주신 백제예술대학 김동수 교수님, 비가 오나 눈이 오나 한결같은 마음으로 기린문학에서 지도해 주신 이기반 교수님, 아낌없이 찬사를 보내 주고 사랑을 주신 모든 분들과 남편, 아들, 딸에게도 깊은 감사 인사드립니다.

한 줌의 바람처럼 지나간 자리라도 저의 미숙한 글이 언제 어디서나 행운을 몰고 오는 아름다운 글이기를, 글처럼 마음이 아름다운 사람이길 원합니다.

2011. 11.

이선화

차 례

1부 문학의 꽃

2부 삼척바다

차 례

3부 봄비

차 례

4부 깜장고무신

차 례

5부 아침마당

6부 겨울 여행

제 1 부
문학의 꽃

목련

여울진 길목
하얀 나비처럼
날개를 퍼덕이며
마음에 등불로 서 있다

바람의 유혹에 부서져
빛깔도 형체도
나약해졌지만

잊혀진 그대의
아픈 마음 삭일 수 없어
그렇게 찢기며
울어대는 것은 아닌지

삼월에 꽃으로 피어나
긴 사연의 편지를
사월에 띄운다.

벚꽃

새벽을 알리는
섬진강 벚꽃
쫓겨가듯
바람을 몰고간다

하얗게 내려앉아
떠나간 임
기다리는 애틋함인가

애달픈 그리움도
가냘픈 목마름으로

꽃송이
사이사이 숨어 있는
당신의 해맑은 웃음

하루를 천 년처럼
얼굴 치켜들고
아름아름 닐리 간다.

---

* 아름아름 : 말이나 행동을 분명히 하지 못하고 우물쭈물하는 모양.

매화

그토록
그리워할 줄 몰랐다
연분홍 볼 터치 향이
내 마음을 설레게
흔들어 놓을 줄
외마디 비명도 못하고
입 다문 벙어리처럼
입 모양만 들쑥날쑥이다
한눈 판 너를 보고 말았다
한 걸음 뒤로 물러서서
너의 기다림마저도
끝내 잃었다
찔러도 아프다는 내색 없이
활짝 웃고 있는
저 가시내의 비밀
발자국마다 뜨겁다.

한옥마을

천 년을 누린
옛 향기가 피어오르는 한옥마을
헐벗고 굶주린 유년 시절
목 놓아 불러봐도 흔들림 없이
두 팔 벌려 안은 채
고사성어처럼 입적에 들었다
처마 끝에 매달린
저 그리움들
문신처럼 다 새기고
무색채 향기로 피어난다
어제 내린 이슬비에
태조로 깃발은
사도세자 눈물 닦은 듯
축 늘어져 펄럭이고
매화가지에 앉은 풍경이
벚꽃보다 더 하얗게
꽃망울을 터뜨리는
실개천 물레방아
화등을 업고 붉게 탄다.

진달래

누구를 기다리는 것일까
대학병원 동산 위에 서서
무리지어 피어 있는
연분홍 진달래
보일 듯 보이지 않는
임을 향해
하늘 닿을 듯 긴 목
애써 세우고
아직은 꽃샘바람이
낯선 탓인지
남은 시간 몸부림하고 있다
아스라한 추억이
파란 이파리 떨구며
불쑥 찾아올 것 같은 그대
햇빛 촘촘히 내려앉는
버 스 정 류 장
진달래향 가득 머금은
이름 없는 행선지
흔들흔들 춤을 춘다.

꽃동산

탱자나무 사이로
핑크빛 와인을 닮은
진달래가 단아하게
오목대 동산에 술렁인다
담장 위 노오란 개나리
어린아이들 재잘거림에
새 역사의 꽃망울 되어
벙그르 벙그르 웃음짓고
손 닿으면
툭툭 떨어질 듯한 벚꽃은
양쪽 길머리에서
텃새라도 하듯
쉴 새 없이 향기를 뿜어낸다
은근슬쩍 끼어든 심술난 바람
앙칼지게 앙탈을 부려도
신선처럼 몸에서 울려 나오는 명곡
후손처럼 목청에서 퍼지는 화답
그 옛날 추억의
꽃향기가 바람결로
천 리 밖까지 뒤쫓아 오며 놀자 한다.

장미의 유혹

붉은 태양과 폭풍으로
밤, 낮 언쟁을 치른
헐벗고 눈 쌓였던 넝쿨장미
누구의 애절한 사연을 담고
저리 출렁이는 것일까
치렁치렁한 가지마다
풍성한 푸른 잎들로
함박웃음 하나씩 안은 채
빨간 꽃술 열고
먼 곳에서 들리는
임을 향기로 유혹한다
보일 듯 보이지 않게
기다림이 서러운지
수줍게 피어오른 물방울인 양
손길 닿으면 우루루 쏟아질 듯한
오월의 어린아이처럼
사랑을 주는 대로
달덩이만 한 꽃송이를 품었다.

개망초

깊고도 은밀한 삶의 한숨
하얗게 피어난
꽃무리 속에 간직하고 있다
고향 바람 불어오면
향기 더욱 짙게 풍겨 오고
새벽별 빛을 잃을 때까지
기다림으로 서 있다
억척같이 살아온 질긴 꽃대
비바람 분다고 쓰러지랴
어느 곳에 있어도
척박한 땅을 사랑한다던
땀 냄새 풀풀 풍기는
마파람 같은 들꽃
가을비 내리는 날
마음의 창 하나 열어놓고
먼 길 나그네 맞는다.

수박꽃

파아란 하늘이 보이는 창가
붉은 태양을 먹고
고운 화분에
씨앗 둘 둥지를 틀었다

여름 한낮
안달복달 매달리더니
늦더위 머금고
노오란 봉오리가

화려 찬란한 황금 꽃보다
소담스런 모습으로
베란다 모퉁이에서
그저 환하게 웃는다.

연꽃

연분홍 꽃비가
대지 위에 늘어지게
흩어져 입맞춤한다

고개 떨군 잎새마다
흐느끼는 사랑
애달픔으로 속삭인다

시간이 흘린 공간 위로
태양을 마주하던
분홍 열매주머니

구름다리 건너
살그머니 임 만나
분홍빛 곡예를 한다

꽃술이 빚어낸
잔잔한 기쁨은
나뭇잎에 내리는 단비로
겨레의 숨결을 느끼게 한다.

연꽃 아가씨 선발대회

진초록 연잎들이
긴 목을 쭉 빼고
화려하게 수놓은
연잎 탈을 쓰고
클래식 음악 따라 춤을 춘다
찰칵찰칵 찍어대는
카메라 소리에도
그저, 환하게 웃으며
영화 속 주인공처럼
더듬거리는 구름 창 넘어
가만히 고개 내밀어본다
한낮의 열기로
꽃잎 사각거리는 이야기가
분홍빛 환상으로
사랑을 태우는 날
알록달록한 양산 속에서
추억으로 머물다 가는
흩날리는 바람이
옛이야기 귀향한다
그곳에

유년을 기다리는
한 여인이 서 있다.

코스모스

누구를 못 잊어
몸짓으로 흔드나
화류춘풍도 아닌데

붉은 립스틱
녹색 드레스
고운 선율로
사뿐사뿐 춤을 춘다

애절한 노랫가락
소슬바람으로 날리고
무심한 구름은
눈물만 쏟아 붓는다

저 홀로 붉은 서러움
멀어져가는 날들에
꽃샘바람 아픔은
젖은 손을 흔든다.

갈꽃

가을을 타고
누렇게 뜬 갈꽃

하얀 머리꽃으로
말라버린 호수를
출렁이게 한다

그대의 노래가
바람이 들이칠 때마다
갈숲으로 가슴 앓는다

임이여
저 빛깔로 마음의 등
불 밝혀 오소서

달빛이 흩날리는 밤마다
강물 안은 갈대는
초야에 묻혀 시를 쓴다.

국화꽃 한 송이
— 故 노무현 대통령 영전에

오월의 한낮을 쏟아내는
저 은은한 향기
국화꽃 송이마다
임의 미소가 가득합니다

밤새 한잠도 못 자고
활활 타오르는 촛불
임의 애끓는 사랑입니다

폭풍 속에서도
임의 애도 행렬은
산천의
울부짖음입니다

서울역 광장
노오란 물결은
임께서 남기신 발자취입니다

하늘에 뿌려놓은
일곱 빛깔 무지개는

임께서 온 국민에게
베푸신 마지막 선물인가요

한 송이 국화꽃을
임의 영전에 바치니
뻐꾹새 되어
울고 또 웁니다.

불꽃놀이

금산사
달집이 탄다

불꽃에 흐르는
약속하지 않은 시간
염치없이 찾아들고

소나무 가지 위에 꿈을
걸어 놓은 시인들

사랑을 확인하듯
달빛 무릎 안고
밤새 하얗게 달린다

그대가 들려주는
베토벤의 교향곡도
처절한 몸부림으로
울어대는 아쟁도

우아한 국화꽃처럼

화사한 시낭송이
하늘 높이 솟아오른
수만 개의 불꽃으로 피어날 때

설익은 감자향이
못다 푼 시어들을
설움으로 품어낸다.

문학의 꽃

안개비 자욱이
한 폭 산자락 휘어감아
선운사 한마당
문학꽃을 피운다
마음은 동백꽃처럼
붉게 타오르고
모두가 한결같이 소년, 소녀다
우린 모두
손에 손을 잡고
문학의 붉은 마당에
사랑과 정열의
동그라미를 그렸다
소금으로 간을 맞춘
풍천장어는 저 잘났다고
여기저기 기웃거리며
몸살을 앓고
복분자覆盆子는
떠나간 세월을
들추려는 듯
붉디붉은 취기醉氣를 돋운다

언 땅을 헤집고
날개 깃을 세운
친구에게서 꽃내음이 물씬 난다.

제 2 부

삼척바다

백마강

잿빛 물든 산들이
강물로 스며든다

사공도 노도 없는데
잘도 가는 무심한 세월

머물다 간 당신의
회상에 젖어 보지만
부서져 감춰진

그 시절 흔적은
모래알만큼이나
낯설기만 한 돛단배 한 척.

삼척바다

옥빛 휘감는 바다

사랑도 만선의 기쁨도
돛단배에 싣고
갈매기 떼 해안선 밀고 온다

소주 한 잔을
해풍 속으로 집어삼키면

너의 고운 두 눈은
어느새 출렁이는
넓은 바닷길이 되고

온몸이
벌겋게 취한 문어는
뭍내음 안주삼아
허물기 쉬운 뼈를 단단히 엮는다.

남해바다

강물은 바람으로
피어난
촛불이다

불어도 불어도
꺼지지 않고
훌훌 타버리는

은빛 날치 떼
해님 갈채에
피겨 스케이팅 탄다

하얀 파도
기약 없이 떠난 임
못 잊어 봄볕에 울고 있다

갈매기가 훔치고 간
외딴집
나비 한 쌍 사랑을
이루어 날아들면

초록빛 바닷물은
장미보다 붉게 탄다.

변산 바닷가에서

바람이 일렁이다가
옷깃을 스치면
파도 위로 잠긴다

설움을 토해내듯
머뭇거리는 발길
모래 위로 낙하한다

갈매기
세월을 마음에 품고
몸부림을 치는 걸까

잊은 듯
잊히지 않는
사랑을 바보상자에 가두고

무심히 흐르는
나의 그리움
한 조각.

겨울 바다

클래식 음악이
지금 막 흐르는
겨울 바닷가

푸르던 지난날들이
교차되는 사이
어둠만 짙어지고

철썩이는 물결 위에
느낄 수 없는
쓸쓸함이 정착되었다

그 속에서
보일 듯 보이지 않는
시간과 그리움은

오십 년의 세월을
바닷물 속에 담아
잘근잘근 밟아본다.

겨울 호수

호수에 던진 사랑
물결처럼 일렁이다
물거품으로 되살아난다

그대 보내는 마음은
허공에 흐르고

하얀 추억은
나를 위로하듯
귓불을 타고내리다
산새로 날아오른다

녹아내리는 물거품 위에
두 손을 시리도록 담아
묵묵히 바라본다

산수유 향 그윽한 찻집
따뜻한 벽난로에
나의 시린 가슴
붉게붉게 적어
마지막 인사로 보낸다.

파도는 말이 없다

푸른 주파수로
끌어안은 바다가
세월에 취해 있다

시원한 파스텔의 물결
모래성으로 고요히 젖어
하얗게 졸다가

삶의 페이지를 넘긴
흔들리는 갯벌로
생생하게 증언하고 있다

싱싱한 풍경들이
넘나드는 그리움을
잔에 채워 마셔버리니

나그네와 뱃사공이
한 척의 배를 띄워
풍류 기락을 즐긴다

그곳에
내 마음의 닻을 내리면
바다는 파도에 누워서 운다.

파도

수평선 위 희미한 눈썹 달
떠나보내지 못한 임의 마음일까
새벽 안갯속
목 터지게 불러보는 당신
모항 갯벌에 두고 온 마음
어둠에 밀려 어디쯤 가면
내 그리움 닮은
홀로 피는 해당화
이름표 하나씩 걸어놓는다
해묵은 잔설이
밤새 출렁인다.

여름밤의 꿈

그대 떠나고
갯물이 기울어져 있을 때도
나는 그 몹쓸
추억을 끌어안고 있었다

아무런 준비도 없던 나에게
어떻게 잊으라 하는지
이유를 알 수 없었던 그대

무심코 내민 손
풍랑처럼 차디차고
그리움만 잡힐 뿐이었다

밤새,
허상만 좇다가
소리내어 울던 바다는

수백만 송이 물보라 꽃을
내가 서 있는 발아래
반짝이는 모래성으로 쌓았다

파도가 들려주는 자장가처럼.

꽃섬

비응도
야미도가
봉긋이 웃으면

붉은 햇살 안고
출렁이며 새벽을 연다

거문고 소리에
매화 향기 코끝을 스치면

엊그제 같은 전설을 밟고
환상을 먹는 소녀가
먼먼 내일을 꿈꾼다

새만금
파란 물결은
안개 같은 나이테
그에게서 땀 냄새가 난다.

추억의 솔섬

꽃바람에 꽃무늬 수놓아
애틋한 사랑을 새겨둔
양지뜸 해당화
모진 세월 슬그머니
다 벗어 버리고 싶은지
봄 향기 터뜨리고 서 있다
바닷물 첨벙첨벙 돛을 세우고
퍼드덕 퍼드덕 날개 저어
해안을 한 바퀴 휘이익 돌아
다소곳이 내 옆에 앉은
날 닮은 갈매기 한 마리
복분자
한 잔 두 잔 넙죽넙죽
잘도 받아먹더니
석양 녘 다 저물어가는 솔섬에
떨리는 입술 부딪쳐
모성애 같은 끈끈한 연정을
한풀이라도 하듯 쏟아낸다.

운암 저수지에서

하늘 높이 솟아오른
생명 같은 물줄기가
웅덩이 속 틀어 안고 있다

물살 헤치며 넘나드는
짝 잃은 청둥오리
무슨 사연 담고
저 홀로 춤을 출까

물안개 날아오르는
운암 저수지
곪아터진 눈물은 허공에 뿌리고

오솔길마다 그리움에 흔들리는
가냘픈 한 송이 꽃
햇살에 농익어 볼그레 웃는다.

양아리 저수지

눈꽃이
한 송이 또 한 송이
저수지 돛단배 위에
소설 같은 이야기로 쌓인다
푸른 물결은 하얀 물결로
그도 없고 나도 없는데
내가 서 있는 발아래서
흐르는 물소리만 들릴 뿐
하얗게 덮인 모퉁이
미끄러지듯 들리는 웃음소리
눈발 헤집고
가슴 터지는 화살
몽상에 젖은
양아리 저수지
하얀 노을처럼
허여멀건 가로등
한 뼘쯤 키 높이를 하고
어슬렁어슬렁 강으로 간다.

겨울 여자

햇살이 길게 앉아
꿈틀거리는 호숫가 벤치
바람마저 숨을 죽인다
누군가를 간절하게 기다리는
고독을 아는 여인
빨간 립스틱으로
애써 감추려는 어두운 그림자
저만치 비켜간 인연
이 시간 약속만이라도
남기고픈 것일까
묵묵히 견뎌낼 겨울 풍경이
물수제비 동그랗게 뜨는 호수 저편
초연히 피는 물보라
슬픈 유언을 남긴 채
치렁치렁한 능수버들이
무지갯빛처럼
물끄러미 내려다본다.

아름다운 거짓말

시간이 멎는
초겨울 호숫가
얇디얇은 살얼음 같은
말 한 마디 "사랑해"
바람과 눈꽃 사이에
피어난 빨간 장미처럼
수줍어 붉어진 두 볼
한 줌 움켜쥘 수 없는
가슴이 떨려와
그 말조차 거짓말 같다
눈치 빠른 겨울 햇살은
어둠을 터덕터덕
갈아입은 듯
석양에 묻히고
빈들에 홀로 선 그 얼굴
잊혀져가는 이름으로
눈꽃처럼 지고 있다.

용담댐의 가을

한 조각 구름이
바람에 끌려간다

아른아른 내려앉는
물안개 돌고 도는 강 언덕

햇살 사이로
나뭇잎들의 반란이

용담호 닮은 구름을
한 움큼 떠서

어느 여인의 옷자락에
멋스럽게 뿌린 가을볕처럼

코스모스 잎새 흔들며
가을을 몰고 온다.

제3부
봄비

봄비(1)

그대는 봄비를 알지 못했다
아프고 슬픈 방랑자라는 것을
수많은 이야기와 비밀이 젖어 있는
봄비의 눈물을 보면
고기를 굽거나 양파를 썰 때
저절로 나는 눈물이 아니라
마음의 눈물이라는 것도
산수유 잎들은
봄비의 눈물에 몸을 씻고
진달래꽃들은
요조숙녀처럼 꽃술 내밀고
비타민 같은 봄비의 얼굴로
다시 태어난다
봄 꽃 속에서
꽃망울처럼 웃는 그대
축축이 젖은 꽃 입술로
봄 하루 봄비를 쪽쪽거리지만
그대는 모른다
꽃의 눈물이 승천해서
아플 것 다 아프고 내려온다는 것을.

봄비⑵

물방울 꽃무늬 방석을 깔고
매화 개화하는 순간에
두 편의 드라마가 끝났고
안타로 환호하는 경기장의
중계방송도 끝났다
그 사이 봄비는 창을 적시고
나는 꾸벅꾸벅 졸고 있었다
주인공보다 배경이 빛나는 날은
보이지 않는 가지에서도 꽃은 핀다
우정을 과시하듯 내리는 봄비
농익은 농담 사이로
누렇게 웃음을 드러낸 산수유
툭툭 떨어지는 빗방울 소리에
축축이 젖어 돌아온 꽃소식은
봄비로 흐려진 유리창에
낙서를 한다.

슬픈 이별

마른 잎새 위로
툭툭 떨어지는
눈물 같은 봄비가
창 밖 가득
내리 붓는다

온몸이 흠뻑
젖어 우는 내 마음
진달래는 알았나 봐

못다 한 말 할 수 없기에
저토록 맺혀
소리치며 흐느끼는 걸까

끊임없이 내미는 손
뿌리치며 돌아서는
당신은 아직도
겨울 뒷자락인가

밤늦도록 쏟아 붓는

하얀 물안개 위로
당신의 얼굴을 담아본다.

비 오는 날

그 빗줄기 속에
웅크리고 있는 나를 보았다
새까만 하늘 속에서 내리는 눈물은
걸걸해진 목에서 샘솟는
신물처럼 비릿하고 씁쓸하다
나
언제쯤
그 빗속에서 헤어날 수 있을까
유리창에 부서지는
차갑게 식은 커피향의 서러움
울어도 울어도
내리는 빗물은 멈추지 않는다
받쳐든 우산 속으로
젖어드는 싸늘함이 겹쳐지며
내뱉은 한 마디
잊지 않을 거라고 잊히지 않을 거라고
되새겨도 대답 없이
대지를 짓누르는 빗줄기는
찢겨진 신발 사이로
빗물이 스며드는 비 오는 오후의
노을은 붉게 눈물로 흐른다.

우산

바바리코트 깃을 세운 사내가
내 우산 속으로 들어온다
비 때문일까
추억 때문일까
오랜 세월 숙성된 막걸리와
흘러간 노랫가락이
바람결로 묻어온다
포말을 일으키며 달려오는 버스
차창 안으로 사라지는
이름 모를 사내
손 한 번 흔들지 않고
그는 갔다
썰물처럼 여운이 밀려나간
우산 속
세월처럼 빗물만 그렁그렁
우산을 적신다.

오월에 내리는 비

바람은 불어 가슴은 아리고 쓰린데
오실 리 없는 임의 생각에
커다란 눈망울이
데구르 데구르 떨어진다
오월의 메아리가 꿈틀거리는
국화꽃 그 가운데서
말없이 침묵하던 밀짚모자
허공을 향해
한 마디 내뱉고 싶은지
바람따라 일렁인다
아직 때 이른 벌판
묵은 체면 훌훌 벗어 놓고
누덕누덕 종이마다
하염없이 띄우는
사랑의 세라노테
어둠 속으로 묻혀져가는
국화 송이 위로
슬픔이 주루욱 주루욱 내린다.

---

* 세라노테 : 작가가 의도적으로 만든 글(어린아이들부터 노인들까지 사랑을 전달한다는 뜻으로 씀).

기다림

푸른 잎새에 누운
새벽 이슬비가

목이 긴
사슴처럼 기다리다
은구슬로 떨어져 버린다

봄바람이
떨구고 간
그리운 얼굴 하나

여울목
하얀 추억으로
살포시 다가오고

당신을
잊히지 않는
바보상자에 가두며

그날처럼
그렇게 시간은 흔들린다.

천둥소리

못다 푼 설움이
아직도 남아 있는지
긴 세월
그렇게 울고 있다

미지의 세계로
파고드는
우람한 소리

그의 심통
난 알 수가 없다

어제는 흐려서
지축을 흔들어 놓더니
오늘은
해맑은 모습이다.

기백산 연가

연푸른 잎
곱게 뿌려 놓은
기백산

뽀얀 먼지를 털면
달려들 것 같은

어린 시절 소풍 길에
줄지어 재잘대던
그때 그 길

봄 밤 내내 들썩이는
붉은 영산홍 축제

아침 이슬 내려앉은
복사꽃 잎에
보고픈 얼굴 수놓아

지난날의 추억인 듯
개울가 웃음짓는
너의 미소 그려 두고 싶다.

---

* 기백산 – 거창군과 함양군 사이에 위치하고 있으며 일명 지우산이라고도 한다.

숭례문 연가

처마 끝에 매달려
고독한 현악기로 줄을 타는
천 년을 알리던 범종

회오리바람 타고
날아든 불씨 하나
까맣게 잠꼬대를 한다

나이테가
새겨놓은 천리안
눈물로 묻히고

문풍지 흔들리는 소리
연주하지 않아도
천 년 음파로 밤을 새운다.

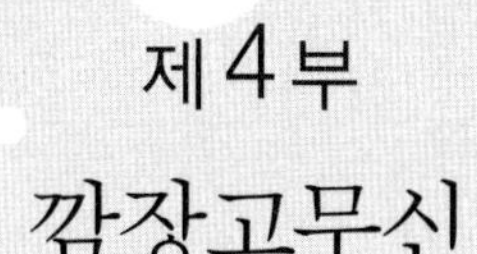

제4부
깜장고무신

깜장고무신

까맣게 잊었던
검정고무신 한 짝
고향집 모퉁이에서
세월의 무게를 이고 낮잠을 잔다
삶의 보금자리 찾아
똑딱똑딱
건반을 두드리더니
언제부터 그곳에 익숙해
자리잡고 있었을까
찢겨진 틈 사이로
햇살 한 줌 들어오면
행복의 끈
아직도 떨쳐버리지 못한 욕망
모진 풍파
닳고 닳은 뼈대만 남아
밤마다 뒤척인
칠십오 숫자는
세월 따라 야위었다.

문학 동산

학문으로
함께한 시간이 많을수록
향기로운 난초 향기
이곳 문학동산
하늘을 보아요
맑고 투명한 참사랑
훈훈하고 아름답게
달빛을 감싸안은
시어들이 온 세상에서
마침표로 채색되어 버린 채
우리들을 기다리며 웃고 있잖아요
선배 문인들의 자상한 배려
후배 문인들이 엮어낼 수 있는
한 폭 수채화도 제 몫을 다하며
청산의 학처럼 바람되어 떠돌다
천 년을 하루같이 쏟아 붓는
저 언어와 상상력
연륜을 닦고 또 닦아 녹슬지 않는
인연의 촛불처럼
영원히 꺼지지 않는
문학 동산이 되게 하소서.

사랑의 낭시朗施
— 춘향 테마파크에 다녀와서

보일 듯 보이지 않는
들릴 듯 들리지 않는
임의 사랑 아지랑이
타고 내려옵니다

올곧은 맵시
한 폭의
치맛자락도 모자라서
온 세계 사랑찬가 되었습니다

아직도 못다 하신
사랑이 남으셨는지
새벽달 기우는 밤이면
이슬로 내려와

호숫가 물방울로
사랑노래 만들어
나뭇가지에 앉아
임의 흔적 전하고 있습니까.

---

* 낭시朗施–밝은 사랑을 노래한다는 뜻.

사랑은 색깔이다
— 졸업식에 다녀와서

빨강, 노랑, 파랑
일곱 빛깔 무지개로
캠퍼스를 누비며 찰랑거린다

햇살은
가벼운 화음으로
허공을 부르고

마디마디 피어난 사랑은
저마다 꿈을 지닌 채
떠날 준비에 바쁘다

연둣빛 추억이 나부끼는 교정
마지막 이별은 전송을 울리고
한 걸음 한 걸음 멀어지는
색바랜 흑백 영화처럼

세상을 향해
어떤 사랑의 색깔로
부푼 꿈의 색깔로
이름 석 자 걸어두고 웃을 것인가.

친구(1)

나
친구가 있어 삶의 향기
풍기어낼지도 몰라
돋아나는 새싹도
허공을 맴돌며
지저귀는 새들도
볼 수 있고 느낄 수 있어
행복하다는 친구
새벽 종소리
잠에서 깨어나
항상 잊지 않는
우정의 인연으로
기도했단다

나
그대가 있어 삶의 용기
자아낼지도 몰라
몽골몽골 피어나는
벚나무 아래서
꽃사연 내 마음 가득

안겨주고 싶다는
이른 새벽
물안개 피어나는
강가에서 맑은 공기를
바람으로 내게 전하고 싶다는
참으로
아름다운 친구.

친구(2)

반달이 된 친구 얼굴
갈잎으로 물든 피우지 못한 사랑
돌아올 수 없는
비켜간 운명이기에
사랑을 잃었다
모진 풍파 삭이고 삭이며
두고 갈 수밖에 없었던 사랑도
보낼 수밖에 없었던 사랑도
흔들리는 낙엽처럼
그렇게 시간은 헤집고 간다
내일은 그대가 좋아할
일곱 빛깔 무지개를 모아
노오란 우체통에
오만 가지 만담과
수만 가지 웃음을
그곳으로 보낼 터이니
행복 바이러스로
보름달 되길 바랄게.

당신(1)

하늘색을 닮아
참 고운 당신을
달무리 일렁이는
창가에 곱게 그려놓습니다

바람이 불어와
형체도 없이
쓸고 갔지만
향기로 남아 있는
당신을 지울 수가 없습니다

봄 햇살을 닮아
상큼한 당신을
아침 이슬 내리는
뜰 아래 곱게 그려놓습니다

해님이 다가와
보송보송
말리어 놓았지만
저녁 향기로 남아 있는
당신은 그리움으로 다가옵니다.

당신⑵

당신이 그리운 것은
무명의 세월이 흘러
그리움으로 다가왔기
때문이지요

당신이 보고 싶다는 것은
뭉게구름 피어오르는
푸른 바다를 보여 주었기
때문이지요

당신이 내 가슴에 머무는 것은
시린 마음을 흔들어 깨우는
아침 이슬 같은 사랑이 있기
때문이지요.

당신은 우체통

하늘빛 닮은 당신은
생동감 넘치는 푸른 녹색을
가진 소중한 존재입니다

하루하루 쏟아내는
학문으로
누군가를 위하여
넉넉한 자리 키워내고

해 질 무렵
꽃잎 위로 내려앉는
저녁 이슬과 같습니다

알든 모르든
해오름보다 먼저
자리하고 계신 당신은

언제나 그곳에서
향기로 남아 있는
그 모습은 사랑입니다.

그리움만 쌓이네

잠깐 스쳐갔을 뿐인데
참으로 오랜 기억이
맴도는 사람이 있습니다

계절이 바뀌어도
자꾸만 떠오르는
왠지 느낌이 좋을 것 같은 사람

그리움만으로
가슴 설레고 스쳐간 향기가
남아 있어 그냥 좋은 사람

창가에 앉아
그리움을 날려보지만
늘 아쉬움만 남습니다

눈송이 헤아려 보건만
한숨만 뜨거워지고

그리움은 무심하게도

커피향 가득하게
온몸으로 파고듭니다.

들국화

향기 잃은 당신이
내게 간청했을 때
두 손 덥석 잡아 주지 못했다
나사가 풀린 듯한 당신의 삶
가지 끝에 걸린 잎새처럼
혼자 흔들려도
미움은 치밀어
빼꼼히 자리잡는데
용서라는 문은
두드리고 두드려도
열릴 줄 몰랐다
하늘 닿을 듯한 욕심
엉성하게
쌓아올린 울타리는
잔인한 시월
동장군의 저주였다
등은 굽고 앙상한 마디
서러움 어이 할꼬
한숨 깊은 곳
임이 두고 간
옛 그림자만 서성인다.

민들레

백지에 그리는
애틋한 사랑

환희의 기쁨은 언제쯤
그곳에서 찬란한 빛을
품어대면 달려올까

꿈이 조각난 아픔
어제가 지워지고
오늘이 무거워지며

시간을 담보로
소리 없이 함성을 지른다

가슴 깊이 피운
된장 그릇

바람 되어 넉넉히 흐르면
햇순 같은 사랑 묶어
그들은 어디쯤 서 있을까.

해바라기

세월은
시계 태엽처럼
꽉 짜여진 삶
노을빛 말아간
오색 웃음 한 자락
푸념 섞인 희로애락은
미로의 블랙홀에 서서
겉살 속살 나이테로 물들이고

애써,
포장하지 않아도

짜디짠 눈물이
온몸에 배어버린
또 하나의 이름
어머니……

여인의 향기

한 생을 다 해도
향기를 팔지 않을 것 같더니

술잔을 들다 말고
비내리는 모퉁이로
슬그머니 자리 뜬다

봄바람에 밀려
하얀 마음이
낯선 향기를 흩어 놓더니

장미향 그윽한 찻집에서
세월의 주름살 달달 볶아

식어버린 커피잔의
라일락
사연을 담는다.

출석부

눈발이 낯설지 않은
길 위의 발자국처럼
출석부에 이름이 찍혔다
세월의 한 모퉁이를 풀어
알록달록 모여 앉은 교생들
웃음 반 눈물 반
드라마틱한 이야기들을
활활 타오르는
가슴으로 안아본다
밀알 같은 글 알들이
촘촘히 내려앉을 쯤이면
교장 선생님의 종례 시간이
밤거리 시의들을 흔들고
후울쩍 자정을 넘긴
내일 아닌 오늘이
출석부에 동그라미를 그려본다.

제5부
아침마당

하루

휴일 아침
봄볕이 요란스러워
창문을 열었더니
멀리서 익살스런 안개가
화초들을 농락한다

오늘은 집을 벗어나
배낭을 메고
떠나자는 남편 말에
남편과 아이들은 티격태격

뒷전에 밀려 꾸어다 논
보릿자루가 된 나는
지나버린 시간처럼
숨죽이며 서 있다

두 번 다시 오지 않는
욕심의 나이테는
기억 속으로 가만히 흘러내리고
벌써 세대에 밀린

내 몰골이 우습다

식탁 위에 먹다 남은
사과 한 쪽이 나를 응시하며
중얼, 중얼거리는 것 같아
오늘 하루의 거친 옷자락을
살며시 되돌아본다.

셀룰러폰

아침마다 나를 깨우는
내 삶의 일부분인 그녀
밤늦도록 앵무새처럼
송알송알 노래를 부르더니
먼동이 터지는 햇살 빛 받아
가만 가만히 눈 비비고 일어난다
바람 부는 날 가랑잎이 파도를 타고
돌부리에 채인 아픈 발가락을
어루만지는 상처받은 자들이
긴 여정을 풀어 놓은 듯한
삶의 무게를 가슴에 담고 있다
일편단심일 것 같은 한 사내도
사계절 알았는지
엄동설한이 되고 말았다
그저께 그날, 그날도 그랬다
몽당연필로 가슴 한구석을
할퀴고 후벼파서
일주일이나 몸살을 앓았다
어디 그뿐이랴 작은 몸집으로
받아들이기엔 너무 많은 비밀

끊임없이 시달리고 아파도
돌아오는 것은 매서운 회초리뿐이다.

만남

햇살 같은 꿈이
익어가는 교정에서
우린 스쳐지나가듯
그렇게 만났지

십구 세 철부지로
모든 것이
실수 투성이였어

꿈에서 본 듯한
우리의 삶과 현실이

허무한 잠에서 깨어나
날개를 펼치지 못할
상처로 남게 했다

절망의 빛이 등 뒤에 숨어서
울분이 터져 나오게 하더니
눈먼 장님으로 유혹했나 봐.

동그라미

아빠의 얼굴에는
주름살이 그려져 있다

열하나 열두울
구석구석 셀 수 없어

세어 봐도 자꾸만
숫자가 헷갈려서

세월의 가격표를
만들어서 달아 주었다

행복과 건강을
한데 넣어 섞었더니

피어나는 꽃처럼
웃음 피는 그 얼굴

무심코 그려보는
주름살 동그라미

하나 둘 엮어서
메달로 걸어본다.

동전

버스를 타려고
지갑을 열어
동전을 꺼냈다

백 원짜리 여덟 개
십 원짜리 다섯 개가
내 손 안에서 웃고 있다

하나라도 손아귀
벗어날까 봐
고집스레
너무 꽉 쥐고 있었더니
자욱이 눈살을 찌푸린다

버스 돈 통에 넣었더니
주르렁주르렁 요란하게
일그러진 표정으로
바닥 깊숙이 숨어 버린다

손도 마음도 가벼워졌다.

아침마당

— 가요뱅크 회원들 아침마당 출현하던 날

장맛비가 크레파스로 스케치하던 날
아침마당 공개홀에 들어서니
김태은 아나운서의 낭랑한 목소리가
무지갯빛 커튼이 찰랑찰랑 내려앉는 것처럼
정겹게 장내로 흘러나왔다
라디오 프로에 나오는 가요뱅크 회원들의
아름다운 마음이 전해져
내가 너를 네가 나를 생각하는
깊어가는 정이 가족으로 이어지는 마당
솜사탕처럼 쏟아지는 달콤함과
오렌지 향기의 상큼함 같은 대화가
사람과 사랑을 사랑채로 만들었다
갓 태어난 어린아이부터 백 세 어른까지
행복과 건강을 기원하며
삼백예순 날 마디마디
변함없는 사랑으로 이어지라고
유머와 해학을 끊임없이 자아내는
모성애 같은 열정들을
고스란히 꽃피우고 있었다.

고향의 향기

고향 언덕 푸른 물결
꽃잎처럼 가슴 열고
화들짝 웃는다

꽃잎이 지면
그대 보고픈 마음도
따라 질까 두렵다

이백 리 길
붉은 치마폭
사랑으로 심어 놓았는데

한 잎 지고
또 지고 나면
나의 존재 알 리 없으리

아지랑이 아른거리면
고향 향기에 취한
나그네인 늦 봇짐 꾸려
달려가리라.

농촌 풍경

우물가
나뒹구는 물지게
집 나간 처자를
핑계삼아 기다린다

소몰이 하던
삼돌이 휘파람 소리는
네 박자로 밤거리를 누비고

논두렁 밭두렁에
농기구만 자리하고 있다

산 너머 갈밭도
길 건너 보리밭도
고개 떨구고 서 있는데

개울가 개구리는
제 세상인 양
얄밉게 울어댄다

봇짐 꾸려
떠나간 주인은
술잔만 나누고

텅 빈 초가마당
잡초만 무성하다.

순간 포착

녹슨 철길
기차가 순간 포착을 한다

그리움
쏟아 붓는 빗물이
차창 그림을 그리듯
흘러내리고

간간이 들려오는
당신의 목소리가
왠지 슬프다

긴 목을 자랑삼아
요술을 부리는 장끼
꼬리를 흔들며
사랑을 부르고

대합실 앞
주인 잃은 골동품들
나를 조선시대에

머물라 한다

물레방앗간
사랑 노래는 쉴 새 없이
돌아오라 목청만 늘어지고

그 옛날
다듬이 두드리시던
어머니 모습
순간 포착으로 앉아 계신다.

접시

세월의 무게에 눌린
동강난 마음

시퍼렇게
족쇄를 채우고
한 발 한 발 걷는다

불빛 융단 위로
눈물의 꽃을 피운
그의 아리랑은
누더기 된 예술이다

온갖 요술로
분주하게 하루를 허둥대지만
매번 그 자리

빈 허울은
벼랑 끝에 매달려
누렇게 퇴색되어간다

그 깊이 속에는
무엇이 숨어 있을까.

축제
— 은평 유원지 시화전에 다녀와서

삶의 고뇌를
춤사위로
풀어 놓았다

는개가 학처럼
호수를 안고

가야금
열두 줄에
풍류가락 실어

시인의 독백 속에
넌지시 불어오는 꽃바람

그 비밀
미풍으로 피어나는
한 자락 추억.

폐가

몽당 숟가락 끼워둔
방문 고리

달그락 달그락
오랜 세월
홀로 지키고 있다

반쯤 기울어진
벽기둥 거미줄 속에
얼굴 없는 이름 석 자

별빛 쏟아지는
천장 사이로
설익은 감 하나
묵은 정 쌓고 있다.

S라인의 그녀

어느 사내의
뜨거운 시선이
그녀 몸을 응시한다

그리고
그 사내 손동작에 따라
그의 육신은 사방으로 잘려
달구어진 숯불 위로 던져졌다

아프다는 비명 한 마디 못하고
온몸을 뒤틀며
저항하듯 검은 연기를
하늘로 뿜어댄다

당당하게 S라인을
고집하며 미소짓더니
날카로운 칼날에
갈갈이 찢기고 잘려서
그의 모습은 고깃덩이에 지나지 않았다

한 잔 두 잔
벌겋게 달아오른 취기는
그들만의 약속인지
알 수 없는 주문을 외우고
행운을 부른다.

거리의 악사

5인조 그룹의 아코디언이
햇빛 조명 아래서
축제의 푸른 나래를 폈다

고향역
한 세월 추억을
노래하는 코스모스는

사랑을
목메도록
꽁꽁 묶어 놓고
아쟁으로 울부짖는다

기적 소리에 장단 맞춰
쏟아지는 햇볕은
받쳐든 양산 속으로 숨어들고

이루지 못한 사랑은
두만강 강가에서
옛 사랑의 발자취 찾아 헤매이고

되돌리지 못할 풋사랑
원점으로 돌리기엔
주름진 얼굴에 가득 고인 눈물뿐이다

차디찬 글라스는
온 밤 내내
거리를 누빈다.

전주 막걸리

술 익는
마을마다 달이 뜬다

웃는 달
찡그린 달
각자 다른 개성으로
막걸리 잔을 기울이고 있다

달빛이 내려앉는 창가
한 음 한 음
술잔에 시 한 수 띄워
전주의 풍경을
약지로 휘이 저어

쭈~욱 들이키면
소달구지에 실려
초원을 누비던

어린 시절
보리밭이 달려온다.

발가락의 외출

낡은 고무신 속에서
열 개의 발가락이
풍경의 주름진 시간처럼
겹겹이 쌓여 있다

오랫동안 묵혀둔 향기가
누덕누덕 꿰맨 틈새로
스물스물 기어나와
뒤뚜웅 뒤뚜웅 걸어간다

행선지가 어디일까
내심 마음이 아려
자꾸 뒤돌아보면

허공을 맴돌아
사랑의 뿌리를 찾는 것처럼
짓궂은 바람만 휭하니 울고

피곤에 지친 꿈들은
발바닥에 달라붙은 살점이 되어

오십 년 넘게 웅크린 발가락들과
마른 잎새처럼 뒹군다.

종착역

새벽 불빛이
널브러진 휴짓조각처럼
철길 위에 눕는다
황톳빛으로
뒹구는 바람에
할퀸 모서리마다
애환이 서리서리 모여 있다
나르시시즘 닮은 일곱 가지 꽃들은
기적소리 지나쳐갈 때마다
바람의 유혹인지
그리움의 유혹인지
녹슨 그림자 따라
슬픈 괴성을 지른다
불꽃처럼 튀어올라
하얗게 부서져 내리는 별빛 사이
반쯤 걸린 초승달이
늦은 밤 불쑥 찾아올 것 같은
종착역
추억만 곰삭은 이끼처럼 나부낀다.

제 6 부
겨울 여행

대동제 축제

창틈으로
날 세운 햇살이
꽃향기 취한 듯
사푼사푼 내려앉는다

인생,
 삶의 깊이가
시공을 초월하는 화살처럼
계절 따라 산고를 겪은
웃음과 해학이
아름다운 찬사로
대동제 무대에 올려졌다

술 익는 초가마당
두부는 복분자에 묻혀
술은 술을 부르고
사랑차 향기 따라
곱게 핀 복사꽃
찻잔 가득 다향茶香이다

잊을 수 없는 추억들
하나 둘씩 머리에 담아
형형색색 유년 시절
안주삼아 주고받는 농담
별밤 내리는 축제도
유월의 시로 빛날 것 같다.

가을볕

이른 아침 까치 소리와 함께
태양은 거실 가득 자리잡고 앉아
가을 차 한 잔 내놓으라며
내 꽁무니 졸졸 따라 다닌다
죄 없는 이불만 끄집어내
하나 둘 셋 줄을 세워 놓고
세제 한 스푼 맑은 물 두 스푼
이불 세 스푼을 좁은 통 속에
줄줄이 구겨넣었더니
퉁퉁퉁 요란스럽게
괴음을 질러대고
검은 거품을 한참이나
쏟아낸 세탁기는
늦은 오후가 되어서야
가쁜 숨 고르듯이 환하게 웃는다
어둠이 내리는 베란다 모퉁이
가을볕에 농익은
게발선인장이
조잘조잘 가을을 태운다.

소록도의 가을

황금빛보다
더 고운 햇살이
소록도에서 우리를 마중했다

홍단풍은
온 산하山河에 불을 지피고
보리피리 소리는
황백나무 사이를 오가며
숙명宿命이 되어 운다

정관대 위에서
미완未完의 솔방울 꽃이 된 그들
적송赤松마다 촘촘히 매달려
한풀이라도 하듯
서서히 가지로 눕고

낮달이 내려앉는
소록도 하늘 공원
들꽃처럼 살다 간
한하운의 노랫소리가 들린다.

가을 여행

담쟁이넝쿨 축제는
갓 볶아낸
가을 냄새가 난다

무명 치마 걸치고
수건 푹 눌러쓴 허수아비
찡그린 두 눈은
가을을 붉게 태운다

갈바람 사이로
두 발이 묶인 들국화는
소임을 다하련지
지칠 줄 모르고

짧아진 햇살은
시간을 되돌리려는 듯
언덕배기 반쯤 걸린
나뭇잎을 갈바람에 띄운다

옹기종기 모인

가을 만찬을
끝내 잡지 못했는데

어느새
햇살이 부서지며
어둠으로 지는 낙엽
저만치 달려온다.

가을 연서

— 아버지를 먼 소풍 보내드리고

햇살 한 줌에
나뭇잎 말갛게 비추는
쓸쓸한 그 길
가을 길목에 내가 서서
아물지 않는 가슴앓이로
덩그라니 남아 있는
아버지의 꽃길을 봅니다
들국화 사이로
짝을 찾는 애틋한 사랑
울부짖음에 지친 어머니
넘어질까 두렵습니다
한 잎 한 잎 그리움을 놓고 간
정들었던 그 길
너울너울 춤추며
날아온 억새꽃 닮은
당신의 환한 웃음
행여 다정한 말 건네실까 봐서
뒤돌아보고 또 돌아보며
바람만이 묵묵히 웃는 것 같습니다.

구절초

노오란 소국들이
한 잎 한 잎
내 품속으로 날아든다
바람도 없는 하늘에
흰 구름은 새털 깃을 달고
미련 없이 떠다니며
짧은 만남이 아쉬워
통곡하는 매미들처럼
못다 한 사랑이 서럽다 한다
가을볕에 물결치듯
한들한들 다가오던
앙증맞고 귀여운 꽃들
아무것도 원하지 않아도
제 살 다 내어주고
이젠
하얗게 빛바래져
추억과 회상의
그리움을 꾸역꾸역 삼키며
천 년의 약속 심어 놓고
가을 속으로 젖어든다.

초추

물안개 풀어 놓은 산마을
달무리 일렁이는 저수지
잠자는 듯 조용하고
푸드득 푸드득 한밤에 지쳐
날아오르는 청둥오리
구름 속 별만 헤집고 있다
그리움 풀어헤치는 풀벌레소리
농부의 자장가 되어
산촌을 잠들게 하고
벼 익어가는 소리
지친 하루를 툭툭 털어낸다
촘촘히 퍼지는 별빛 사이로
이슬은 구슬을 달고
약속된 시간처럼
달은 서산에 몸을 기댄다.

홍시

용문사* 뒤뜰
가을 햇살이
유난히 따갑다

가을이 떨구고 간
검푸른 잎새 뒤로
빛깔 향기가
짙게 스며들면

행복을 따는
홍시 닮은
스님의 두 볼

울타리 사이가
너무 비좁고 어색해
입맛만 다시다가

스님 몰래
홍시 하나
내 입속에 넣는다.

---

* 용문사 – 전북 완주군 소양면에 있는 사찰.

단감

가지를 흔든다
한 발 두 발
내려와서 또 흔든다
단단히 매달려
꿈쩍도 하지 않는 감

할 수 없이
나무에서 내려와
길고 튼튼한 나무로
마구 가지를 때린다

얼마나 아팠는지
힘없이 떨어지는 감
내 머리를 때리며
땅으로 떨어진다

나를 향해
복수라도 하려는지
눈물이 맺힐 정도로
매섭고 아프다

넝쿨 속을 헤집고
찾아도 어디에도 없다
도대체 어디로 숨은 걸까
화가 잔뜩 난 얼굴을 들이대니
그때서야 빙그레 웃는다.

강천사 노을

가을빛
닮은 그대가
내 곁에서
산들산들 속삭인다

파란 하늘
올려다보는
나뭇잎 엽서 한 장

물방울
노래로 걸려 있다

햇살에 피어나는 땀방울
살그머니 건네준
손수건 한 장

심술꾸러기 바람에
붉어지는 가을
시 한 편 읊조려 본다.

겨울 여행

헐렁한 코트가 바람 따라 흔들리다
나들목을 에워싸더니
유난히도 낯설게
그들 앞에서 침묵으로 흐른다
멀리서 들리는 선창의 노래
쉬이쉬이 넘어가도
마음은 쉴 새 없이 차가운 분칠만 한다
덜커덩거리는 차창 너머
겨울 햇살이 찌푸리며
온 들판을 덮어 버리고
백로 한 마리가 몸 맵씨를 자랑하다가
물속으로 머리를 집어넣었다가
다시 고개를 내밀어 으쓱으쓱댄다
바위 틈새 소풍 나온 *눈치는
진눈깨비 내려도 일어날 줄 모르고
젓가락 장단에 시조 한 수 읊으니
산천이 덩실덩실 풍물을 친다
얼음 깨고 물 한 주먹 담아 보았더니
핏줄이 터지는 듯 시리고 아프다
거울처럼 환한 물속에

내 모습 들이대니 나는 어디 가고
하늘만 웃고 있다.

* 눈치 – 물고기(맑고, 깨끗하고 차가운 물에서 산다.)

겨울 연가

행복을 타는
그네에 앉아

하늘을 올려다보니
구름집 한 채
미끄럼을 탄다

온달장군과 평강공주가
사랑으로 키워온 무대는
설야의 잔설로 이루어진 무아장경

그 황홀함
헤어나지 못한
바보가 된 나

시계추마냥 흔들리는
마음의 작은 여백
두고두고 간직하고 싶을 뿐이다

천생연분이었던

그들의 멋진 인생
못다 한 이야기가
노송으로 남아 있다.

겨울 바다

바람이 물결 위를 촘촘히 걷는다
밀려왔다 밀려가는 파도 위에
세리머니를 그리며 빙빙 도는 갈매기
모래밭에 사랑의 불을 질렀다
그대 미소가 불길로 탄다
그대 목소리 파도에 쓸려간다
마침표 없는 푸른 바다의 연서는
잔인한 시간의 긴 꼬리만
채울 수 없는 욕망처럼 뜨겁게 태우고
바닷속으로 사라져 버린다
그대 보고픔 삭이려 겨울 바다에 갔었다
그대 올 것 같아서 겨울 바다에 갔었다.

눈이 내리네

그가 떠나던 날도
오늘처럼 함박눈이 조용히 내렸다
흰 눈 속에 가려져
희미해진 그의 미소가
옛 추억을 거리에 장식하고
사랑의 눈꽃으로 쌓이고 있다

그가 떠나던 날도
오늘처럼 함박눈이
눈물과 함께 펑펑 쏟아졌다
그가 앉은 것 같은
눈꽃으로 핀 가지에는
지울 수 없는 얼굴 하나 걸려 있다

그가 떠나던 날도
오늘처럼 함박눈이
빗물과 함께 소리 없이 내렸다
그대 목소리 들리는 것 같아
돌아보면 텅 빈 거리
뜨거운 입김만 발자국마다 눈처럼 쌓인다.

거울

기약할 수 없는
정 남겨 두고
애잔한 눈물로
겨울 여행 떠난다

숱한 별들이 내려앉는
이 새벽을 틈타
홀로 꽃을 피워

사무치게 비켜간
세월을 휘감듯
목청이 터지도록
빨강 더 빨강으로 흔든다

밤새,
흐트러진 마음을
애써 추스리며

나뭇잎 거울에
얼굴 내밀어 본다.

눈꽃축제

실눈 뜨고 배시시
고개 내밀던 초목들이
눈꽃 등을 달았다

햇살이 단단히 뿌리내린
모악산 눈꽃축제에서
눈 속에 발자국 찍던 그녀
함박눈처럼 사랑을 꿈꾸고

몇 겹의 나이테를 두른 노송
질퍽이는 눈송이 툭툭 털어낸다

삼월하고도 열흘인데
가지에 걸린
흥 취한 겨울 이야기는
낮달이 기울도록
웃음을 자아낸다.

사람 물감으로 세상에 그린 그림

– 이선화 시집 『깜장고무신』에 붙임

이 동 희

(시인 · 문학박사 · 전북문인협회장)

시론은 시인의 수만큼 다양하다. 그만큼 시인은 저마다 독립적이고 개성적이며 철저하게 독창의 세계를 지향한다. 시인의 시론은 한 편의 시만으로도 충분하다. 시 한 편에는 시인의 온 정신과 세계가 담겨 있기 때문이다. 시인에게 있어 가장 잘된 작품은 방금 완성한 시라고 한다. 그러면 가장 지향해야 할 시는 무엇일까? 말할 것도 없이 내일 쓰일 시일 것이다. 어제까지 완성되어 버린 시는 아직 쓰이지 않은 시에 비해서 그만큼

새롭지 못하기 때문이다.

시는, 시인은 화석화되기 쉬운 인간의 감성에 공급하는 신선한 사유의 수액이자 그 공급자이다. 그래서 시는 과거 역사의 페이지를 넘겨보는 일이 아니라, 바로 지금 삶의 현장성을 바탕으로 그려지는 세계를 읽는 일이다.

한 편의 시의 됨됨이와 한 시인의 세계가 이러할진대 섣불리 시인됨이나 시 작품에 대해서 언급하기가 쉽지 않은 이유다. 그래서 기본에 충실한 검토는 그리 큰 실수로부터 벗어날 수 있으리라는 생각으로 이선화 시인의 세계를 엿보려 한다.

그것은 다름이 아니다. 시는 기본적으로 의미 있는 운율을 담아내는 언어의 그릇이다. 또한 시는 추상적 관념과 날 선 이념마저 구체성의 그림으로 보여주는 작업이다. 그리고 시는 어떤 무거운 주제도 삶의 체험과 밀접하게 연관되지 않고서는 빛을 잃기 마련이다.

이 세 가지 관점으로 이선화 시인의 세계를 거칠게나마 조망하고자 한다. 물론 세세하고 조밀한 논리의 틀에 입각하기보다는 필자 역시 시를 공부하는 처지에서 시문학적 보편성과 시인됨의 직관력을 교직하여 그녀가 이룬 성과의 일부를 음미하고자 한다.

1. 시는 음악이다

시는 음표 없는 음악이요, 음악은 음표 있는 시다. 시가 되려면 반드시 지녀야 할 음악성-운율-리듬감을 간명하게 대비한 명구다. 문자로 된 언어의 조직이 시가 되기 위해서는 반드시 언어의 리듬감을 살려야 한다. 그럼에도 불구하고 시에 들어 있는 음악성-운율을 구체적으로 집어내려면 그리 쉬운 일이 아니다. 정형률은 그런대로 겉모습이나마 잡아낼 수 있으나 자유시가 품고 있는 내재율을 온전히 드러내기란 용이한 일이 아니다. 그래서 현상이 존재한다고 해서 그 됨됨이를 그대로 언어의 모습으로 재구성해 낼 수 있는 것이 아닌 모양이다. 시가 그렇다.

시라는 분명한 현상이 존재함에도 시의 생명이랄 수 있는 운율의 됨됨이를 드러내기란 쉽지 않다. 그것은 시의 내재율이 바로 인간의 생명 조건과 일치하기 때문이다. 사람의 생명 작용은 바로 호흡으로 비롯한다. 숨을 쉰다는 것은 살아 있음의 기초이자 전부다. 불과 몇 분만 숨을 쉬지 않는다면 생명은 작동을 멈출 수밖에 없다. 숨은 날숨과 들숨이다. 그러나 사람에게 있어 가장 소중한 호흡-날숨과 들숨 작용을 하면서 이를 의식적으로 하는 사람이 누가 있겠는가?

시의 호흡이랄 수 있는 운율감도 이런 이유로 의식하지 못하는 사이에 생명 작용처럼 시의 존재성을 스스로 살려내는 것이다. 물론 시의 생명 작용인 운율을 이루는 기본 요소들이 있다. 낱말이 지닌 음감音感, 시어마다 지닌 어감語感, 시행의 구분, 연 배치 등등이 시의 운율을 이루는 요소들이다. 그러나 그것들이 시 운율의 전부는 아니다. 이런 요소들이 상호작용하기도 하고 종합하거나 개별적으로 작용하면서 한 편의 시에는 그 시만의 독특한 리듬감-생명 작용이 이루어진다.

이것이 시의 됨됨이다. 생명 있는 존재의 첫 번째 요소가 바로 건강한 생명성의 발현 여부이듯이, 시에서도 가장 먼저 챙겨야 할 대목이 바로 건강한 시의 운율미가 아닐 수 없다. 한 편의 시를 살게 하는 리듬감이 읽는 이에게 평안한 호흡을 가능케 한다면 일단은 시의 생명성은 건전하다고 볼 수 있을 것이다.

가을빛
닮은 그대가
내 곁에서
산들산들 속삭인다

파란 하늘
올려다보는
나뭇잎 엽서 한 장

물방울

노래로 걸려 있다

햇살에 피어나는 땀방울
살그머니 건네준
손수건 한 장

심술꾸러기 바람에
붉어지는 가을
시 한 편 읊조려 본다.

—「강천사 노을」 전문

자유시의 기본 율격도 결국은 정형으로 자리잡은 어휘로부터 오는 것임을 안다. 시조가 지닌 기본 율격의 근거가 바로 우리말이 지니고 있는 어휘의 음수율로부터 오지 않던가? 그러므로 자유시라고 해서 우리말이 지니고 있는 기본 율격을 크게 벗어날 수 없음은 너무도 당연한 이치다.

이선화 시인의 작품들에서 이 점이 두드러져 보인다. 자유시로 몸 가꾸기는 하되 시의 근육질은 바로 시어가 지니고 있는 기본 율격을 살리는 방향으로 시를 진술해 내는 점을 주시한다. 우리말에는 유독 3음절이나 4음절로 된 어휘들이 많다. 설사 한두 음절로 된 어휘일지라도 여기에 조사를 붙이거나 어미를 활용하면 3~4음절로 변형시킬 수 있음을 익히 알고 있다. 이런 시어의 구사는 일단 운율의 안정감이라는 효과를 준다.

이 작품이 그렇다. 화려한 수식과 치장을 하기 전에 3음절과 4음절을 활용하고, 이를 기본으로 한 시행을 배치함으로써 첫 행, 첫 연부터 순박한 시의 진행을 보여준다. 독자는 별 부담 없이 시의 진행 방향을 내다보면서 그 효과를 호흡하면 된다. 마치 생명 작용하듯이 리듬감을 호흡하면 그만인 것이다.

이렇게 내재율의 구성은 시의 연을 구사하는 데에도 적용한 것으로 보인다. 1연은 전체 작품의 서경으로서 독립하고 있으며, 2연 끝 행(나뭇잎 엽서 한 장)은 서술어를 생략한 체언으로 마무리함으로써 뭔가 못다 한 시정詩情을 남겨놓은 느낌을 준다. 그 잔류감이 바로 3연(물방울/ 노래로 걸려 있다)에서 호응하며 마무리된 느낌이다. 이렇게 시의 연을 배치하는 방법은 4연에서도 동일하다. 4연 끝 행(손수건 한 장)을 체언으로 마무리해 5행(시 한 편 읊조려 본다)에서 다시 같은 형태로 결구를 이룬다.

1연이 작품 전체의 서경적 진술이라면, 2연과 3연이 한 짝을 이루고 4연과 5연이 또 한 짝을 이루어 겉으로는 전체 5연으로 이루어져 있지만 내면적으로 3연의 효과를 보이도록 배치하고 있다. 이것은 작위적으로 의도하였다기보다는 이선화 시인이 지니고 있는 언어감각의 자연스러운 노출로 보인다. 화려한 수식의 의장을 포기한 자리에 운율적 쾌미를 더해 독자의 생명 작용인

독서 호흡에 부합하고 있다.

이런 운율의 안정감은 심미적 내용에도 기여하는 것으로 보인다. 서경에서 중심 제재인 '강천사 노을'을 가을의 서정으로 해석하여 동작(속삭임)하게 함으로써 시 전편에 일정한 톤을 유지한다. 이런 기조에서 벗어나지 않게 2연의 '나뭇잎 한 장'은 곧 3연의 '노래로 걸려 있다'에서 가을의 정취로 의역될 수 있으며 4연의 '손수건 한 장' 역시 5연의 '시 한 편 읊조려 본다'는 가을 정취로 결구할 수 있게 한다.

가을 경치가 빼어난 것으로 유명한 '강천사 노을'이 이선화 시인에게 와서 비로소 노래하는 나뭇잎도 되고 시를 읊조리는 손수건도 되어 종합적인 미감의 정경으로 승화된다. 그것은 바로 노래하기의 방법을 원용한 효과다.

그러므로 '시는 음표 없는 음악이요, 음악은 음표 있는 시'라는 정의를 우리가 외면할 수 없는 이유를 이 시는 제공하는 것으로 보인다.

2. 시는 그림이다

시는 물감 없는 그림이요, 그림은 물감 있는 시다. 모든 강물이 바다를 향하듯 모든 예술작품은 시를 향하여 달려간다. 예술 창작물이 오래 살아남을 수 있는 첫째 요건은 바로 시 정신의 형상화 여부로 보아도 과언이 아니다. 시 정신으로 무장하지 못한 작품은 심미적 촉수로 허기진 미학적 탐구자를 충족시킬 수 없다.

회화작품에서 찾아야 할 시 정신은 무엇일까? 말할 것도 없이 상상력의 어떤 것이다. 상상력은 다른 형체를 좋아하는 특성을 지니고 있다. 이를테면 조형예술인 미술은 선과 색으로 결국 무형의 정신을 그려내기를 선호한다. 아니 선호라기보다는 필연적이다. 사진기의 발달로 회화의 영역이 진경산수眞景山水를 지선의 경지로 보는 데서 벗어난 지 오래다. 있는 모습을 그대로 그려내는 것이 회화의 능사가 아니라, 볼 수 없는 추상의 정신을 그려내는 것이 회화의 생명성이다. 그런 점에서 그림은 시 정신을 필수의 요소로 꼽는다.

시가 언어라는 무형의 의미로 미학적 탐구자에게 제공하는 것은 구체적인 어떤 모습과 관련된 형상形象이다. 이미지image의 구축이야말로 현대시가 가야 할 정도다. 언어로 그림을 그리는 시의 창작 행위나, 선과 색으로 정신을 그리는 회화의 창작 행위나 결국 같은 길을 걷는 셈이다. 그래서 '시는 물감 없는 그림이요, 그림은 물감 있는 시' 라는 정의를 받아들일 수밖에 없다.

'시중유회詩中有畵요 화중유시畵中有詩' 다. 시 속에 그림이 있고 그림 속에 시가 있다. 시가 이미지 구축을 통해서 독자의 마음에 구체성으로서의 그림을 그려 보여주는 행위라면 그림은 구체적인 형상을 통해서 추상적인 정신으로서의 어떤 모습을 그려내야 한다. 그래서 심상心象이다. 마음에 그려지는 그림이 바로 이미지인 것이다.

이미지는 메마른 관념이 지탱할 수 없는 체험을 구체적으로 끌어내는 효과가 있다. 이미지 구축이 잘된 시는 한 폭의 그림 같은 느낌을 준다. 마찬가지로 시 정신의 형상화가 잘된 그림에서는 한 편의 시를 읽는 것과 같은 정신의 카타르시스catharsis를 체험할 수 있다. 정신의 쾌미快美를 주는 예술 작품이 장르의 구분을 간단히 뛰어넘는 이유가 여기에 있다. 이선화 시인에게서 그런 가능성을 찾을 수 있는 몇 작품을 본다.

'새벽을 알리는/ 섬진강 벚꽃/ 쫓겨 가듯/ 바람을 몰고 간다' –(「벚꽃」의 1연)

바람은 형태를 볼 수 없는 현상이다. 그런 자연현상을 바로 볼 수 있게 하는 장치가 이미지다. 새벽바람에 우수수 지는 낙화落花의 장관에서 나아가, 그것이 다급한 시적 화자의 심리적 상황이나 혹은 짧은 개화의 시기를 마친 꽃의 운명으로 보여준다. 그래서 '쫓겨 가듯 바람을 몰고' 가는 것이다. 이는 바람이 꽃을 몰아내는 것이 아니라, 꽃이 바람을 몰고 가는 것으로 그려낸다. 사물의 관계를 역발상逆發想함으로써 우리가 놓치기 쉬운 사물의 진면목을 추체험케 하려는 데 이 시는 기여하고 있다.

그렇지 않은가? 자연(개화한 벚꽃)이 또 다른 자연(바람)에 쫓겨 가는 것이 아니라, 자연(아름답게 낙화의 벚꽃)이 사람(시적 화자)에 의해서 전혀 다른 모습으로 인식됨으로써 시의 독자는 자연에 순치되는 것이 아니라, 자연을 새로운 미감으로 바라볼 수 있는 환경을 제공한다. 이런 시적 발성법이 이선화 시인의 작품 도처에서 발견된다.

여울진 길목
하얀 나비처럼
날개를 퍼덕이며
마음의 등불로 서 있다

바람의 유혹에 부서져
빛깔도 형체도
나약해졌지만

잊힌 그대의
아픈 마음 삭힐 수 없어
그렇게 찢기며
울어대는 것은 아닌지

삼월에 꽃으로 피어나
긴 사연의 편지를
사월에 띄운다.

—「목련」 전문

초봄에 하얀 꽃이 만개한 백목련 한 그루를 쳐다보노라면 마치 온몸이 등불로 변신한 것처럼 휘황찬란한 아름다움으로 비친다. 그러나 이 아름다움은 찰나적인 것이고, 백목련의 참 아름다움은 그것이 비극적 정조에 닿아 있는 데서 찾을 수 있다. 개화는 순간이요, 그 길고 누추하기까지 한 낙화의 시간은 봄을 두고 더디게 진행되는 데 있다.

이 작품은 이런 심상을 기본 축으로 해서 목련꽃나무가 다양한 사연을 띄우는 실체로 거듭 변용하게 한다. 시는 그림이라고 했다. 변용을 가능케 하는 궁극적인 방법은 바로 대상을 이미지로 그려내는 데에서 비롯한다.

'여울진 길목/ 하얀 나비처럼/ 날개를 퍼덕이며/ 마음의 등불로 서 있다.' 한 그루 봄의 메신저가 될 법한 백목련이 상장喪章으로 보일 수 있는 '하얀 나비' 로 그려지고, 그나마 그 나비가 안간힘을 다해도 극복할 수 없는 불가항력적인 몸부림으로 그려진다. 그리하여 마침내 '마음의 등불' 로 화자의 미감에 불을 밝히는 것이다.

이는 백목련 한 그루가 실체로서의 모습을 버리고 비극적 정조를 불러일으키는 매체로 변용되는데 앞에서 밝힌 백목련의 개화—낙화의 모습에서 근거를 찾을 수 있다. 정결의 상징처럼 여겨지는 개화한 백목련은 그

외피적인 관찰이다. 화자의 심층에 자리한 내면에는 아무리 날갯짓을 해도 비상할 수 없는 삶의 비극적 정조와 일맥상통하는 데 있을 것이다.

'바람의 유혹에 부서져/ 빛깔도 형체도/ 나약해졌지만' 안간힘을 다한 날갯짓은 바람의 조력을 기대함 직하지만 그것마저도 본색을 잃었다. 기대했던 봄의 비상이 지는 것을 목격한 화자의 내면 풍경은 나약한 모습으로 비친다. 현실에 저항하고자 하는 의욕마저도 살려낼 길 없는 백목련의 낙화, 그것은 삶의 현실에서 상처받는 현대인의 모습이다. 구체성의 삶이 비극적일수록 바람의 유혹에도 나약한 것은 백목련만이 아니다. 삶의 뿌리가 허약하여 삶의 최전선이 언제나 불안하기만 한 현대인의 공통심리가 아니겠는가?

'잊힌 그대의/ 아픈 마음 삭힐 수 없어/ 그렇게 찢기며/ 울어대는 것은 아닌지' 객관적 상관물인 백목련이 이제는 화자의 내면으로 들어와 별리의 아픔을 기억해낸다. 그 찢어진 아픔을 처연하게 떨어지는 백목련의 낙화에서 유추해내는 것은 자연스러운 발상이다. 그런데 이 3연에서 보여주는 이미지를 청각영상으로 승화시키고 있는 점에 주목한다. 시각적으로 감지할 수 있는 낙화의 모습이 화자의 내면에서는 이별의 아픔에 목놓아 울부짖는 형상으로 이미지를 추가함으로써, 백목련의 낙화가 지닐 수 있는 또 다른 비극성을 그려낸다.

이미지는 종합적이다. 시視 · 청聽 · 촉觸 · 후嗅 · 미각味覺으로 대표되는 감각에 실어서 이미지는 구체화된다. 꽃의 낙화를 시각적 이미지에서 진일보하여 청각聽覺으로 확대함으로써 화자의 체험이 얼마나 절실했던가를 드러내는 데 기여하는 이미지다. 이것은 분명 '소리 없는 아우성' 에 버금하는 절실성의 것이다.

'삼월에 꽃으로 피어나/ 긴 사연의 편지를/ 사월에 띄운다.' 이런 심상은 드디어 긴 사연의 편지로 승화되어 이미지 구축의 결말에 이른다. 한 잎 한 잎 떨어지는 백목련의 이파리에서 편지지를 연상하는 것이야 항용 있는 비유지만, 그것에 '긴 사연' 을 담아서 띄움으로써 낙화가 그냥 비극적 파국이 아니라 또 다른 세계를 지향하는 설움임을 보여준다.

삼월에 쓰인(피어나) 편지가 사월이 되어서야 발송하게 된 사연이야 봄의 시간성으로 대변할 수 있지만, 이를 밤새워 고뇌하는 시적 화자의 내면 풍경과 결합시켜 내밀한 시적 극화劇化의 효과를 발휘하게 한다.

모든 시들은 소재의 극화를 통해서 발설된다. 요리되지 않은 생경한 소재들로 흩어져 있는 것들을 하나의 미감의 체계로 통일시킬 수 있는 비법이 바로 시적 극화다. 백목련의 낙화가 서정적 자아의 내면에 들어와 긴 사연의 편지가 될 수 있다. 그 요리법을 일컬어 시적 극화라 한다면 그 양념에 해당하는 요소들이 바로 이미지 구축이다. 이런 시법으로 미루어 봤을 때 이선화 시인이 견지하고 있는 일련의 작품들은 온당한 시의 조리

법에 기초하고 있음을 알겠다. 그래서 '시를 일컬어 물감 없는 그림이요, 그림은 물감 있는 시'라는 정의에 우리의 미감은 동의할 수밖에 없는 것이다.

3. 시는 무용이다

시는 노래하는 무용이요, 무용은 침묵하는 시다. 이 또한 움직일 수 없는 진실이다. 정적이고 무형이며 임의적 태생으로 발생한 언어가 유일한 표현 수단이지만 시의 언어는 그 이상이다. 시는 정적인 관념이나 이념을 그리는 데서 머물러서는 안 된다. 비록 다른 예술 장르의 표현 수단들에 비해서 어찌 보면 제한적일 수밖에 없는 언어가 유일하지만, 시는 끊임없이 움직이고 변화무쌍한 세계를 그려서 독자에게 제시하기를 마다하지 않는다. 그렇게 보면 시는 생동하는 힘과 그로 인한 움직임을 본질로 하는 말하기다. 그래서 '시는 노래하는 무용이요, 무용은 침묵하는 시'가 될 수밖에 없는 것이다.

무용은 몸의 예술이다. 몸으로 보여주는 방법은 움직임과 멈춤의 사이에 아름다움이 있다. 마치 음악이 소리를 내는 음표와 소리를 내지 않는 쉼표로 구성되듯이, 무용의 언어인 몸은 동작과 멈춤으로 자신의 내면을 표출해낸다. 무용은 철저히 구체성의 미학이다. 지각되는 표정과 선을 그려내는 동작이 구체성의 미학이다. 이는 관념이나 이념마저 몸의 언어로 그려내는 세계다. 무대에서 행해지는 무용은 언어적 해설을 거부한다.

시가 바로 그렇다. 몸의 떨림으로 오는 감성마저도, 정신의 울림을 주는 관념의 세계마저도 시에서는 행동하게 하고 오감으로 실감하게 하기를 마다하지 않는다. 소위 형상화形象化란 이를 두고 이르는 말이다. 시가 곧 형상화 작업이라는 사실을 인정한다면 시를 왜 노래하는 무용이라 하는지 짐작할 수 있다.

이를테면 이선화의 시 「남해바다」의 끝 연은 '초록빛 바닷물은/ 장미보다 붉게 탄다' 로 마무리되어 있다. 바닷물의 생동하는 미감을 '초록빛' 으로 변환시키는 데서 머물지 않고 이를 붉게 타오르는 이미지로 변용시켰다. 이런 변용의 사이에 '하얀 파도' 가 '봄볕에 울고 있다' 는 전제를 마련해 두었으며, 또한 '외딴집' 에 '나비 한 쌍' 이 날아드는 상황으로 전개시킨다. 그런 장치의 끝에 바다는 장미보다 붉게 타오르는 삶과 사랑의 현장으로 재현시킨다. 바다를 무대로 펼쳐내는 언어의 무용이 자못 현란하다. 바닷물 변용의 근원은 물론 화자가 자각하고 있는 '사랑에 대한 갈망' 과 맥이 닿아 있다. 그 뜨거운 사랑의 열망을 무용의 언어처럼 몸의 동작으로 바다를 움직이게 하는 것이다.

"아무리 많은 책을 읽을지라도 이 한 단어를 알지 못하면 아직 진정한 인간이 아니다. 그 단어는 '사랑' 이다."고 인도의 시인 까비르(Kabir ; 1440~1518)는 노래했다. 바다를 무대로 춤추는 언어의 핵심은 바로 사랑이다. 사랑의 역동성을 보여주기 위해서 춤추는 언어를 채택한 이선화 시인의 시법은 그러므로 온당하다.

옥빛 휘감는 바다

사랑도 만선의 기쁨도
돛단배에 싣고
갈매기 떼 해안선 밀고 온다

소주 한 잔을
해풍 속으로 집어삼키면

너의 고운 두 눈은
어느새 출렁이는
넓은 바닷길이 되고

온 몸이
벌겋게 취한 문어는
뭍내음 안주삼아
허물기 쉬운 뼈를 단단히 엮는다.

–「삼척바다」 전문

바다는 끊임없이 출렁인다. 무용의 언어를 구사하기에 적합한 무대다. 바다를 소재로 한 이선화 시인의 작품에서 춤추는 시어의 맥박을 실감한다.

이 작품도 예외는 아니다. 앞에서 언급했던 '사랑' 의 구체성으로서, 혹은 사람됨의 핵심을 향하여 나아갈 수 밖에 없는 시문학의 운명으로서 사랑이야말로 외면할 수 없는 시의 중요한 모티브가 된다. 육지로부터 멀어지는 바다는 동경憧憬의 대상으로 환상을 그리기 십상이다. 그러나 이 시인의 바다는 환상의 세계로 달아나지 않고 오히려 뭍으로 달려오는 심상을 그려낸다.

'사랑도 만선의 기쁨도/ 돛단배에 싣고/ 갈매기 떼 해안선 밀고 온다' 고 노래한다. 뭍에서 바다로 달아나는 것이 아니라, 오히려 바다에서 뭍으로 밀고 온다. 만선의 기쁨도, 돛단배도, 갈매기도 떼로 밀고 온다. 그냥 밀고 오는 것이 아니라 '해안선' 을 밀고 오는 것이다. 이는 곧 삶의 경계를 가장 치열할 수밖에 없는 현실로 끌고 오는 힘을 느끼게 한다. 매우 긍정적인 시선이자 삶의 태도다.

소주 한 잔을 마시되 그냥 마시지 않는다. 해풍 속으로 집어삼키듯이 마신다. 역동성의 심상이 바다를 무대로 춤추기를 고집한다. 그리하여 근접하기 어려운 고난의 현장으로서의 바다가 어느새 '넓은 바닷길' 이 되어 있다. 위험과 고난이 점철되는 바다가 아니라, 삶의 새로운 돌파구가 되는 바닷길을 염두에 두고 있다.

그리하여 바다를 무대로 춤추던 서정적 화자는 마침내 '벌겋게 취한 문어' 가 되어 '허물기 쉬운 뼈를 단단히 엮고' 만다. 문어로 변용된 서정적 화자의 취기가 자존(허물기 쉬운 뼈)의 울타리를 허물고 닿고자 하는 세계는 뭍으로 나 있는 사랑의 현장임을 실감한다.

이선화 시인은 자유로운 형태로 시의 몸 가꾸기를 하되 시정신의 근육질은 우리말의 기본 율격을 유용하게 활용하는 특성을 보여주고 있다. 자유시의 내재율이라고 하지만 시어가 지닌 본래적인 됨됨이를 외면할 수는 없으리라.

그리하여 그녀의 시에서 음표 없는 음악을 떠올리게 되고 음악은 음표 있는 시라는 정의를 확인하게 된다. 이렇게 자유시의 형태에서도 우리말이 지닌 태생적 운율미를 살려내는 일은 시의 기본에 충실하다는 반증이 될 수 있을 것이다.

모든 시들은 일차 소재를 시인의 체험과 맞추어 재구성한다. 이를 시적 극화라 한다. 이선화 시가 추구하는 시적 극화의 기본 맥은 이미지의 충실한 구축에 초점을 맞추고 있는 것으로 보인다. 구체적인 소재를 시의 소재로 즐겨 채택하는 것으로 미루어, 내면적 미감을 투영해내는 객관적 상관물로써 이들 소재들을 극화해내는 수법을 즐겨 활용한다. 그 독창성에서 좀 더 절차탁마切磋琢磨하는 개성의 벼림이 필요하지만 일단은 기본기의 충실이라는 면에서 긍정의 시선으로 보았다.

이선화 시인이 궁극적으로 지향하는 곳은 '사랑' 이

다. 모든 문학의 주제가 인간주의에서 비켜날 수 없는 것처럼 이 시인 역시 사랑을 구체화하기 위한 작업으로 일관한다. 그 사랑이 개인적 사랑의 추억이거나 회상일지라도, 그 사랑이 보편적 의미의 인간애일지라도, 그 사랑이 범세계적인 인류애일지라도 시인으로서, 시문학으로 추구해야 할 온당한 자세다. 이것이 있어 기교적 세련미나 안목의 창의성에서 좀 더 새로운 개안을 위한 노력이 수반되어야 함에도 긍정의 손길로 그녀의 시집을 넘기게 되는 이유다.

이선화 시집

깜장고무신

인　　쇄 | 2011년 11월 22일
발　　행 | 2011년 11월 28일

지 은 이 | 이 선 화
발 행 인 | 서 정 환
발 행 처 | 신아출판사

출판등록 | 1984년 8월 17일 제28호
주　　소 | 전주시 완산구 태평동 251-30
전　　화 | Tel. 063-275-4000, 063-252-5633
팩　　스 | (063) 274-3131
E-mail | shina321@chol.com
sina321@hanmail.net

값 9,000원

ISBN 978-89-5925-941-0 03810

* 저자와 협의, 인지는 생략합니다.
* 이 책의 발간비 일부는 전라북도문예진흥기금의 지원을 받았습니다.
* 잘못된 책은 바꿔드립니다.